TABLE DES MATIÈRES.

(1.) 37704

PRÉFACE

La garde nationale est la partie de la force publique composée de citoyens réunis en corps d'armée pour défendre l'État contre les ennemis du dehors, et pour assurer au dedans le maintien de l'ordre et l'exécution des lois. Son institution en France date des premiers jours de la Révolution.

Organisée solennellement en 1831, puis en 1851 ; supprimée dans son ensemble après le coup d'État, elle vient d'être rétablie par la loi du 12 août 1870, qui fait revivre purement et simplement celle du 13 juin 1851.

L'objet du présent travail est non pas d'apprécier, mais de renseigner. Je me suis donc borné à reproduire le texte des lois qui régissent aujourd'hui la garde nationale sédentaire, accompagnant de notes les dispositions qui m'ont paru appeler un éclaircissement.

Selon le plan de ma brochure *la Nouvelle Loi militaire,* toutes les fois que j'ai trouvé un article qui renvoyait aux codes ordinaires ou à des lois spéciales, j'ai indiqué le sens du renvoi, afin que le lecteur ne fût arrêté par aucune énigme.

Dans un appendice, sous forme de demandes et réponses familières, je reprends les points principaux de la loi, et cherche à prévoir les questions générales que son application peut provoquer.

Les solutions ont été empruntées aux Rapports et Exposés des motifs, et au *Répertoire de jurisprudence* de M. Dalloz.

Les éditions prochaines compléteront le Questionnaire, s'il y a lieu.

La connaissance parfaite de la loi est la condition nécessaire de sa bonne exécution; mais cette condition doit suffire.

Quel besoin de stimuler la bonne volonté du garde national, quand il est bien instruit de ses droits et de ses devoirs, quand il sait que, non seulement au cours de la guerre actuelle, mais toujours, dans toutes les circonstances possibles, son arme lui est remise, son service lui est commandé *pour la patrie!*

J. M.

LOI DU 12 AOUT 1870

RÉTABLISSANT

LA GARDE NATIONALE SÉDENTAIRE.

ART. 1er. — La garde nationale est rétablie dans tous les départements.

ART. 2. — Il sera procédé immédiatement à sa réorganisation conformément aux dispositions de la loi des 8 avril, 28 mai et 13 juin 1851.

Toutefois, l'organisation des bataillons actuellement existants est maintenue pendant la durée de la guerre (1).

Pendant le même temps, les officiers élus seront choisis parmi les anciens militaires (2).

ART. 3. — La distribution des armes sera faite d'abord aux gardes nationales des dé-

(1) « Ce serait affaiblir bien inopportunément une » organisation existante, a dit le rapporteur, que de la » soumettre à l'application de la loi de 1851. » — Mais une loi du 29 août a supprimé cette disposition et décidé, conformément d'ailleurs à la demande formée par les anciens bataillons, que la réorganisation serait complète.

(2) « C'est un service actif qui se prépare, a dit le » rapporteur, et les gardes nationaux comprendront eux-» mêmes la nécessité de confier leur instruction rapide » et leur commandement à des hommes expérimentés. »

partements envahis, des villes mises en état de défense, et des communes des départements déclarés en état de siége.

Les anciens militaires seront les premiers enrôlés et armés.

Art. 4. — Les gardes nationaux blessés dans l'accomplissement de leur service, leurs veuves et leurs enfants, auront droit aux secours et récompenses déterminés par les lois spéciales votées en faveur des soldats des armées de terre et de mer et des bataillons de garde nationale mobile [3].

Art. 5. — Un crédit provisoire de 50 millions est ouvert au ministre de l'intérieur et au ministre de la guerre, pour faire face aux dépenses qu'entraînera l'organisation des gardes nationales de France.

[3] Une loi du 29 août a établi un crédit de 50 millions destiné à « venir en aide aux femmes, enfants ou ascen-» dants des citoyens qui combattent pour la défense du » pays », et décidé : 1° que « les lois sur les pensions » militaires sont applicables aux gardes nationaux mo-» biles et *sédentaires*, blessés au service du pays, ainsi » qu'aux veuves ou aux enfants de ceux qui seraient » morts dans des circonstances de guerre; 2° que le » décret de 1852 sur la Légion-d'Honneur et la médaille » militaire est applicable aux gardes nationaux mobiles » ou *sédentaires* décorés ou médaillés, pour faits mili-» taires, pendant la guerre actuelle. » — Les lois sur les pensions militaires accordent des pensions variant de 365 fr., chiffre minimum pour les soldats, à 765 fr., chiffre maximum pour les adjudants sous-officiers. Les officiers ont demi-solde de l'activité. — Les décrets sur la Légion-d'Honneur et la médaille militaire décident que les allocations payées pour la croix, et la somme de 100 fr. payable pour la médaille militaire, sont incessibles et insaisissables.

LOI DES 8 AVRIL, 28 MAI ET 13 JUIN 1851

SUR LA

GARDE NATIONALE SÉDENTAIRE.

TITRE PREMIER.

DISPOSITIONS GÉNÉRALES.

Art. 1er. — Le service de la garde nationale consiste : — 1° en service ordinaire dans l'intérieur de la commune ; — 2° en service de détachement hors du territoire de la commune ; — 3° en service de corps mobilisés pour seconder l'armée de ligne dans les limites fixées par la loi.

Art. 2. — La garde nationale est organisée dans toute la République ; elle l'est par commune, et à Paris par arrondissement municipal. — Les compagnies communales d'un canton peuvent être formées en bataillons cantonaux et en légions par décret du pouvoir exécutif, les conseils municipaux de la circonscription entendus. — Dans aucun cas, la garde nationale ne peut être organisée par département ni par arrondissement de sous-préfecture. — Cette disposition n'est pas applicable au département de la Seine.

Art. 3. — Cette organisation est permanente ; toutefois, le président de la République peut suspendre ou dissoudre, en tout ou en partie, la garde nationale dans des lieux déterminés. — Dans le cas de suspension, la garde nationale est remise en activité dans l'année, à compter du jour de la suspension. — Dans le cas de dissolution, la garde nationale est réorganisée dans les deux ans. — Le tout à moins que ces délais n'aient été prorogés par une loi spéciale. — En cas d'urgence, le préfet peut prononcer provisoirement la suspension ; cette suspension n'a d'effet que pendant trois mois, si, dans l'intervalle, elle n'est pas maintenue, ou si la dissolution n'est pas prononcée par le gouvernement. — Dans tous les cas de suspension ou de dissolution, le préfet peut ordonner le dépôt des armes dans un lieu déterminé, sous les peines portées par l'article 3 de la loi du 24 mai 1834 (1).

Art. 4. — La garde nationale est placée sous l'autorité des maires, des sous-préfets, des préfets et du ministre de l'intérieur. — Lorsque, d'après les ordres du préfet et du sous-préfet, la garde nationale de plusieurs communes est réunie, soit au chef-lieu du canton, soit dans toute autre commune, elle est sous l'autorité du maire de la commune où a lieu la réunion. — Sont exceptés les cas déterminés par les lois où la garde nationale est appelée à faire un service militaire et est mise sous les ordres de l'autorité militaire.

Art. 5. — Les citoyens ne peuvent ni prendre les armes, ni se rassembler comme

(1) C'est à dire sous peine d'un emprisonnement d'un mois à deux ans et d'une amende de 16 fr. à 1,000 fr.

gardes nationaux, avec ou sans uniforme, sans l'ordre des chefs immédiats, et ceux-ci ne peuvent donner cet ordre sans une réquisition de l'autorité civile ([2]).

ART. 6. — Aucun chef de poste ne peut faire distribuer de cartouches aux gardes nationaux placés sous son commandement, si ce n'est en vertu d'ordre précis ou en cas d'attaque de vive force ([3]).

TITRE II.

DE L'ORGANISATION DE LA GARDE NATIONALE.

—

SECTION Ire. — *De la composition de la garde nationale.*

ART. 7. — La garde nationale se compose, sauf les exceptions ci-après, de tous les Français, à partir de l'âge de vingt ans ([4]).

([2]) Cet article ne s'applique pas au service ordinaire de la garde nationale, lequel est régi par l'article 67 de la présente loi. — Quant à la réquisition dont parle l'article 5, la loi du 27 juillet 1791, art. 22, en donne le modèle dans ces termes : « Nous..., requérons, en vertu » de la loi, N..., commandant, etc , de prêter le secours » des troupes de ligne, *ou* de la gendarmerie nationale, » *ou* de la garde nationale, nécessaire pour..., etc. Pour » la garantie dudit *ou* desdits commandants, nous apposons notre signature..... »

([3]) Cet article n'est applicable que dans le service ordinaire.

([4]) On verra plus loin, art. 14, que les français âgés de 20 à 21 ans, et ceux âgés de plus de 55 ans, sont placés dans la réserve.

Art. 8. — Ne font pas partie de la garde nationale : — 1° les ministres des différents cultes reconnus par l'État, les élèves des grands séminaires et des facultés de théologie; — les membres ou novices des associations religieuses vouées à l'enseignement, autorisées par la loi, ou reconnues comme établissements d'utilité publique; — 2° les militaires des armées de terre et de mer en activité de service, en disponibilité, ou en non-activité; — les administrateurs ou agents commissionnés des services de terre et de mer en activité, les comptables, magasiniers, préposés de dépôt, distributeurs, infirmiers et autres agents inférieurs des ports, arsenaux et établissements de la marine; les ouvriers des ports, des arsenaux et manufactures d'armes organisés militairement. Ne sont pas compris dans cette disposition les commis et employés des bureaux de la marine au-dessous du grade d'aide-commissaire; — 3° les officiers, sous-officiers et soldats des gardes municipales et autres corps soldés; — 4° les préposés des services actifs des douanes; — 5° les directeurs et concierges des maisons d'arrêt; les gardiens chefs et gardiens ordinaires des prisons, et les autres agents inférieurs de justice et de police; — 6° ceux que des infirmités mettent pour toujours hors d'état de faire aucun service. La nature de ces infirmités et le mode de les constater seront déterminés par un règlement d'administration publique.

Art. 9. — Sont exclus de la garde nationale : — 1° tous les individus énumérés en l'article 8 de la loi du 31 mai 1850 [5]; — 2° les individus privés par jugement de l'exercice de leurs droits civils ou politiques; — 3° les individus condamnés à trois mois de prison au moins, par application de la loi du 27 mars 1851 [6].

SECTION II. — *Du service ordinaire de la réserve.*

ART. 10. — Le service de la garde nationale se divise en service ordinaire et service de réserve.

ART. 11. — Les citoyens inscrits sur le contrôle du service ordinaire sont appelés à tous les services d'ordre et de sûreté, ainsi qu'aux exercices et aux revues.

(5) C'est à dire : 1° les individus condamnés à l'emprisonnement simple par application de l'article 463, qui abaisse les peines en vertu de circonstances atténuantes; 2° les condamnés pour usure; 3° les faillis non réhabilités; 4° les notaires, greffiers et officiers ministériels, destitués en vertu de jugements ou décisions judiciaires; 5° les condamnés à l'emprisonnement pour vagabondage, ou mendicité, ou outrage à la morale publique et aux bonnes mœurs, ou pour attaque contre le principe de la propriété et les droits de la famille, ou pour loterie, ou pour infraction à la loi sur le recrutement de l'armée; 6° enfin les militaires condamnés au boulet ou aux travaux publics.

(6) C'est à dire : 1° ceux qui falsifient des substances ou denrées alimentaires, ou médicamenteuses, destinées à être vendues; 2° ceux qui vendront ou mettront en vente des substances ou denrées alimentaires, ou médicamenteuses, qu'ils sauront être falsifiées ou corrompues; 3° ceux qui auront trompé ou tenté de tromper, sur la qualité des choses livrées, les personnes auxquelles ils vendent ou achètent.

Art. 12. — Les citoyens inscrits sur les contrôles de la réserve ne peuvent être appelés qu'extraordinairement, et en vertu d'un arrêté du préfet (7).

Art. 13. — Sont inscrits au contrôle du service ordinaire tous les citoyens âgés de vingt et un ans au moins, domiciliés depuis un an dans la commune, et non compris dans les dispositions de l'article suivant. — Les compagnies et subdivisions de compagnies sont formées des gardes nationaux inscrits sur le contrôle du service ordinaire, dans les circonscriptions où se trouve leur domicile. — Peuvent être, en outre, inscrits au contrôle du service ordinaire dans une commune autre que celle de leur domicile réel, les citoyens qui résident habituellement une partie de l'année dans cette commune. — Dans ce cas, le service est dû tant dans la commune du domicile réel, que dans celle de la résidence habituelle (8).

Art. 14. — Sont placés dans la réserve : — 1° les citoyens âgés de moins de vingt et un ans, et ceux qui ont moins d'un an de domicile dans la commune; — 2° ceux pour

(7) « Les citoyens inscrits au contrôle de réserve, » lit-on dans l'exposé des motifs, « ne peuvent être appelés » que dans les circonstances extraordinaires, et particu- » lièrement dans celles où la sûreté et l'indépendance » du pays exigeraient qu'ils concourussent, comme les » gardes nationaux du service ordinaire, à la formation » de corps détachés pour la défense des places, des cités » et des frontières. »

(8) Bien entendu, alternativement, pour la durée du séjour dans chaque ville, et non pas dans les deux villes à la fois.

lesquels le service habituel serait une charge onéreuse [9]; — 3° les préposés du service actif des contributions indirectes, des octrois et des administrations sanitaires, les cantonniers et éclusiers, les gardes champêtres et forestiers; — 4° les facteurs de la poste aux lettres, les agents des lignes télégraphiques et les postillons de l'administration des postes reconnus nécessaires à ces services publics; les machinistes et chauffeurs des chemins de fer et bateaux à vapeur; — 5° les portiers et les domestiques attachés au service de la personne.

Art. 15. — Peuvent se dispenser du service de la garde nationale : — 1° les membres de l'Assemblée nationale, les ministres et les sous-secrétaires d'Etat; — 2° les conseillers d'État et les maîtres des requêtes; — 3° les membres des cours et tribunaux, et les greffiers de justice de paix; — 4° les membres des conseils de préfecture; — 5° les directeurs, médecins et chirurgiens des hôpitaux et hospices civils et des asiles d'aliénés; — 6° les citoyens âgés de plus de cinquante-cinq ans; — 7° les anciens militaires ayant cin-

(9) Le conseil de recensement dont il est parlé aux articles 20 et suivants est juge de l'état de pauvreté ou même de gêne des citoyens. Ainsi, il peut placer dans le contrôle de réserve ceux pour lesquels il croit la charge du service ordinaire trop onéreuse par le temps qu'elle prend, les dépenses qu'elle impose, encore bien qu'ils paieraient la contribution personnelle. Les citoyens écartés pour ce motif du service ordinaire conservent d'ailleurs le droit d'appeler de la décision du conseil de recensement au conseil de révision dont il est parlé aux articles 25 et suivants.

quante ans d'âge et vingt années de service [10].

Art. 16. — Sont temporairement dispensés du service de la garde nationale ceux qu'un service public, une absence, une maladie ou une infirmité, dûment justifiés d'après les formes qu'établira le règlement du service ordinaire, mettent dans l'impossibilité de faire le service.

Art. 17. — Le service de la garde nationale est incompatible avec les fonctions qui confèrent le droit de requérir la force publique [11].

Art. 18. — Le service de la garde nationale est personnel; néanmoins le remplacement pour le service ordinaire est permis entre le père et le fils, les frères, l'oncle et le neveu, ainsi qu'entre alliés au même degré, pourvu toutefois que le remplaçant et le remplacé appartiennent à la même compagnie. — Les gardes nationaux de la même compagnie qui ne sont ni parents ni alliés aux degrés ci-dessus désignés peuvent seulement, et avec l'autorisation des chefs, changer leur tour de service.

Art. 19. — Peuvent être appelés à faire partie du service ordinaire les étrangers

[10] Il ne faut pas perdre de vue que, dans tous les cas prévus par l'article 15, la dispense n'est que *facultative* pour les citoyens y désignés.

[11] Ont le droit de requérir la force publique : les ministres, préfets, sous-préfets, maires, adjoints, présidents des tribunaux, juges d'instruction, procureurs généraux et leurs substituts, juges de paix et leurs suppléants, commissaires de police.

admis à la jouissance des droits civils, conformément à l'art. 13 du Code civil (12).

Section III. — *De l'inscription des gardes nationaux, de leur répartition entre le service ordinaire et la réserve, du jugement des dispenses, etc.*

Art. 20. — L'inscription des gardes nationaux sur les contrôles de la garde nationale, leur répartition entre le service ordinaire et la réserve, leur classement entre les compagnies, et l'appréciation des causes de dispense, sont faits par les conseils de recensement, sauf recours devant le jury de révision.

§ Ier. — *Des Conseils de recensement.*

Art. 21. — Il y a par commune, et à Paris par arrondissement, un conseil de recensement. — Dans chaque commune, le nombre des membres de ce conseil est égal à celui des conseillers municipaux ; il est ajouté un membre de plus si le conseil municipal est constitué en nombre impair. — Les membres du conseil de recensement sont choisis : moitié sur la désignation et dans le sein du conseil municipal, moitié par le préfet ou le sous-préfet parmi les citoyens aptes à faire partie du service ordinaire de la garde nationale. — Le maire fait partie du conseil comme membre de droit, et le préside. A son défaut, le

(12) C'est à dire l'étranger admis, par autorisation du Gouvernement, à établir son domicile en France.

conseil est présidé par un adjoint, ou par un membre du conseil municipal désigné par le maire. — A Paris, le conseil de recensement de chaque arrondissement est composé de seize membres nommés par le préfet, en nombre égal pour chaque bataillon, parmi les citoyens faisant partie du service ordinaire de la garde nationale. — S'il y a lieu à établir une légion de cavalerie à Paris, le conseil de recensement sera composé de douze membres choisis par le préfet parmi les gardes nationaux faisant ou ayant fait partie de cette arme. — Il sera présidé par un délégué du préfet.

Art. 22. — Les conseils de recensement sont renouvelés tous les ans par moitié. — Les membres du conseil sont toujours rééligibles.

Art. 23. — Après trois absences consécutives et non justifiées, les membres du conseil sont réputés démissionnaires.

Art. 24. — En cas de réorganisation de la garde nationale après dissolution, ou de dissolution du conseil municipal, le sous-préfet désigne les citoyens qui doivent provisoirement remplacer les membres du conseil de recensement appartenant soit à la garde nationale, soit au conseil municipal dissous.

§ II. — *Des jurys de révision.*

Art. 25. — Il y a un jury de révision pour chaque canton. — Lorsqu'une ville est le chef-lieu de plusieurs cantons, il n'y a qu'un jury de révision pour tous ces cantons, lors même que leur ressort comprend d'autres communes. — Chaque jury de révision est composé de douze jurés, désignés par le sort sur une liste de cent cinquante gardes nationaux sachant lire et écrire, et âgés de plus de vingt-cinq ans. — Cette liste est dressée par le sous-préfet, sur les présentations faites par les maires des diverses communes, à raison de deux cents candidats par chaque canton. Un arrêté du sous-préfet détermine, proportionnellement à la population des diverses communes, le nombre des candidats qui doivent être pris dans chacune d'elles. — Dans tous les cas, il ne sera présenté qu'une liste de deux cents candidats pour la formation d'un jury de révision. — A Paris, le jury de révision est composé d'un nombre de membres égal à celui des légions. — Dans chaque légion un jury titulaire est désigné par le sort sur une liste de vingt-cinq gardes nationaux remplissant les conditions indiquées au paragraphe 3 du présent article, et faisant partie de la légion. — Ces listes sont dressées par le préfet. — Les vingt-cinq gardes nationaux qu'il désigne sont choisis sur une liste de cinquante candidats présentée par le maire de l'arrondissement. — Il est désigné pour chaque jury, dans les formes déterminées par le présent article, un nombre de suppléants égal à celui des jurés titulaires.

Art. 26. — Le jury de révision est présidé par le juge de paix. — A Paris et dans les villes dont le territoire est divisé en plusieurs cantons, un roulement détermine, d'après les règles fixées par le ministre de la justice, l'ordre dans lequel chacun des juges de paix doit présider.

Art. 27. — Le tirage des jurés et des jurés suppléants est fait par le président du jury, en audience publique. Les membres du jury désignés par le sort, sauf ceux qui auront été temporairement excusés, sont rayés de la liste et ne peuvent y être rétablis qu'après les élections générales. — Le renouvellement intégral des jurés a lieu à l'époque des élections générales de la garde nationale. — Le jury, constitué suivant le paragraphe Ier du présent article, fonctionne pendant une année entière.

Art. 28. — Le jury ne peut prononcer qu'au nombre de sept membres au moins, y compris le président. Les décisions sont prises à la majorité absolue : en cas de partage, la voix du président est prépondérante.

Art. 29. — Tout juré absent et non valablement excusé, est condamné par le juge de paix à une amende de cinq à dix francs.

Art. 30. — Les décisions du jury ne sont susceptibles de recours devant le conseil d'État que pour incompétence, excès de pouvoir ou violation de la loi. — La contrariété de décisions rendues en dernier ressort, relativement à la même personne, par des conseils de recensement ou des jurys de révision différents, donne lieu au recours devant le conseil d'État.

Art. 31. — Les fonctions de membre du conseil de recensement et de membre du jury de révision sont incompatibles.

Art. 32. — Un décret du président de la

République détermine le nombre, le rang et le mode de nomination des rapporteurs, des rapporteurs-adjoints et des secrétaires attachés aux jurys de révision.

§ III. — *Disposition commune au conseil de recensement et au jury de révision.*

Art. 33. — Les formes de procéder des conseils de révision sont déterminées par un règlement d'administration publique.

Section IV. — *Formation de la garde nationale.*

Art. 34 — La garde nationale en service ordinaire est organisée en subdivisions de compagnies, en bataillons, en légions d'infanterie. — Des décrets du Président de la République établissent les règles d'après lesquelles ces corps sont formés dans les circonscriptions déterminées par l'art. 2. — Il pourra être établi par décret du Président de la République, les conseils municipaux entendus, des pelotons, escadrons ou légions de cavalerie dans les villes ou cantons où cette organisation sera jugée nécessaire. Partout où il n'existe pas de corps soldé de sapeurs-pompiers, il est, autant que possible, formé des compagnies ou des subdivisions de compagnies de sapeurs-pompiers volontaires, faisant partie de la garde nationale. — Dans les places de guerre, les ports de commerce et les cantons maritimes, il pourra être formé, par décret du Président de la République, soit des batteries ou subdivisions de batteries d'artillerie, soit des compagnies ou des subdivisions de compagnies de marins, gardes-côtes et ouvriers de marine (13). —Dans toutes les autres villes, les batteries ou subdivisions de batteries d'artillerie déjà organisées pourront être maintenues par décret du Président de la République, le conseil municipal entendu. — Ces compagnies et batteries, suivant l'importance de leur effectif, pourront être placées sous le commandement d'un officier supérieur, en restant sous l'autorité du chef de la garde nationale de la circonscription. — L'administration des gardes nationales dans les armes spéciales de cavalerie,

(13) Cet article s'applique à la ville de Bordeaux et à d'autres communes du département. — Un commentateur de la loi de 1851 rappelle que c'est par les batteries de la garde nationale que Lille, Valenciennes, Le Quesnoy, Landrecies, ont été défendues contre l'ennemi. Depuis la guerre actuelle, l'artillerie de la garde nationale a rendu de nouveaux et très grands services. — Quant aux gardes-côtes, nous croyons devoir reproduire ici ce qu'en a dit le rapporteur de cette même loi, notre défunt et distingué confrère M. de Riancey : « Lorsqu'on » jette le regard sur l'étendue de nos côtes, lorsqu'on » songe à la fois et à l'insuffisance du nombre de nos » soldats pour le service des batteries de la Manche, de » l'Océan, de la Méditerranée, et à la bravoure éprouvée, » au fier patriotisme, des habitants de notre littoral, on » comprend l'utilité et la nécessité de ces compagnies » de gardes-côtes, dont l'origine remonte au guet de la » mer en 1543, et qui, réorganisées en l'an II et en 1831, » détruites depuis 1833, doivent appeler aujourd'hui » toute la sollicitude du Gouvernement. — Il en sera de » même pour les compagnies de marins et d'ouvriers de » marine, qui peuvent être utilement constituées dans » nos ports. »

de sapeurs-pompiers, d'artilleurs, de marins, de gardes-côtes et d'ouvriers de marine, est prononcée par les conseils de recensement créés par l'art. 21, sauf ce qui est dit dans cet article pour la légion de cavalerie de Paris. — Les décisions du conseil de recensement en pareille matière ne sont pas susceptibles de recours devant le jury de révision.

Section V. — *De l'élection aux grades.*

Art. 35. — Les gardes nationaux portés sur le contrôle du service ordinaire nomment leurs officiers, sous-officiers et caporaux [14].

Art. 36. — Toutes les élections sont faites sous la présidence du maire, d'un adjoint ou d'un membre du conseil municipal pris dans l'ordre du tableau, assisté de deux membres du conseil de recensement.

Art. 37. — Les chefs de bataillon et le porte-drapeau sont élus par tous les officiers du bataillon et par un nombre égal de délégués nommés dans chaque compagnie [15].

Art. 38. — Les chefs de légion et les lieutenants-colonels sont nommés par tous les officiers de la légion réunis aux délégués,

[14] L'article 2 de la loi du 12 août (p. 6) dispose que, pendant la durée de la guerre actuelle, *les officiers élus doivent être choisis parmi les anciens militaires.*

[15] L'élection des *délégués* est régie par les articles 40 et 42 ci-après. Le *délégué* ne peut être un officier, puisqu'il doit concourir, *avec les officiers,* à la nomination des officiers supérieurs; il doit être sous-officier, caporal, ou simple garde national.

qui, aux termes de l'article 37, concourent à la nomination des chefs de bataillon et porte-drapeau.

Art. 39. — Aucun officier supérieur n'est valablement élu qu'autant que plus de la moitié des électeurs ont concouru à l'élection, et qu'il a réuni plus de la moitié des suffrages exprimés.

Art. 40. — Les officiers, sous-officiers, caporaux et délégués ne peuvent être élus que parmi les citoyens inscrits au contrôle du service ordinaire. Néanmoins, les anciens officiers de l'armée qui auraient usé de la dispense qui leur est accordée par l'article 16 peuvent être élus ou nommés à des grades dans la garde nationale. — Les chefs de légion et les lieutenants-colonels peuvent être choisis : — pour le département de la Seine, dans toute l'étendue du département; — pour les autres départements, dans la commune ou dans le canton, suivant que la légion est communale ou cantonale. — Les chefs de bataillon et le porte-drapeau sont choisis : — à Paris et dans les communes où il existe plusieurs légions, dans la circonscription de la légion ; — dans les autres communes ou cantons, dans la circonscription de la commune ou du canton, selon que le bataillon est communal ou cantonal. — Les officiers de compagnie sont choisis dans la circonscription du bataillon ; les sous-officiers et caporaux, dans la circonscription de la compagnie.

Art. 41. — Les élections d'officiers, sous-officiers et caporaux de compagnie ne sont valables qu'autant que le tiers au moins des gardes nationaux inscrits y a pris part. — Si le nombre des votants est inférieur au tiers, les gardes nationaux seront convoqués de nouveau au jour fixé par le maire. — Si le nombre des votants est encore inférieur au tiers, les gardes nationaux sont convoqués une troisième fois, et l'élection est faite par les électeurs présents, quel que soit leur nombre.

Art. 42. — L'élection des capitaines a lieu successivement pour chaque emploi, au scrutin individuel et secret et à la majorité absolue des suffrages. — Si l'effectif de la compagnie comporte plusieurs lieutenants ou sous-lieutenants, ces officiers sont élus par bulletins de liste, au scrutin secret, pour chaque grade, et à la majorité absolue des suffrages. — Après deux tours de scrutin, si la majorité absolue n'a été obtenue par aucun des candidats, ou ne l'a pas été par un nombre de candidats égal à celui des emplois à conférer, il est procédé à un scrutin de ballottage sur une liste double du nombre d'officiers restant à nommer, et comprenant les candidats qui ont obtenu le plus grand nombre de voix au second tour. — L'élection ne peut avoir lieu que sur cette liste. — Les lieutenants et sous-lieutenants prennent rang entre eux suivant l'ordre de leur nomination, d'après le nombre des suffrages obtenus, s'ils ont été nommés au même scrutin; d'après l'âge, si deux ou plusieurs d'entre eux ont obtenu le même nombre de suffrages au même tour de scrutin. — Les délégués sont élus sur bulletins de liste, et à la majorité relative, immédiatement après les officiers. — Les sergents-majors et les fourriers sont élus sur bulletins individuels; les sergents et caporaux, sur bulletins de liste. — Dans les deux cas, l'élection a lieu à la majorité relative. — Aucun scrutin n'est fermé qu'après un appel et un réappel.

ART. 43. — Tout garde national ayant droit de participer à l'élection a le droit d'arguer les opérations de nullité. Si sa réclamation n'a pas été consignée au procès-verbal, elle est déposée au secrétariat de la mairie, dans les trois jours, à partir du jour de l'élection, à peine de déchéance, et jugée par le conseil de préfecture. — Le préfet ou le sous-préfet peut déférer au conseil de préfecture, dans le délai de quinze jours, à partir du jour où elles ont eu lieu, les élections dans lesquelles les conditions et les formalités légalement prescrites n'ont pas été observées.

ART. 44. — Si les officiers ne sont pas dans les deux mois de leur élection complètement armés, équipés et habillés suivant l'uniforme, ils sont considérés comme démissionnaires et remplacés immédiatement.

ART. 45. — Les officiers, sous-officiers et caporaux sont élus pour trois ans; toutefois, les officiers, sous-officiers et caporaux qui, dans le cours de la période triennale, transportent leur domicile dans une autre commune ou dans une circonscription autre que celle où leur grade leur avait été conféré, sont remplacés. — Peuvent être également remplacés dans leur grade, en vertu d'une décision du conseil de recensement, les officiers, sous-officiers et caporaux, dont l'absence s'est prolongée au delà de six mois sans dispense temporaire de service régulièrement accordée.

Art. 46. — Les officiers, sous-officiers et caporaux sont toujours rééligibles.

Art. 47. — Les officiers, sous-officiers et caporaux élus par suite de vacances, ne sont nommés que pour le temps pendant lequel ceux qu'ils remplacent devaient encore exercer leurs fonctions.

Art. 48. — Les élections générales doivent être terminées dans les six mois qui suivent l'expiration de la période triennale pour laquelle les grades sont conférés. Des décrets du Président de la République en fixent les époques.

Art. 49. — Les officiers, sous-officiers et caporaux restent en fonctions jusqu'à la reconnaissance de ceux qui les remplacent (16).

Art. 50. — Tout officier de la garde nationale peut être suspendu de ses fonctions pendant deux mois, par arrêté motivé du préfet, pris en conseil de préfecture, sur l'avis du maire et du sous-préfet, l'officier préalablement entendu dans ses observations. — La suspension peut être prolongée par un décret du Président de la République. — Si, dans le cours d'une année, l'officier n'a pas été rendu à ses fonctions, il est procédé à une nouvelle élection. — L'officier suspendu n'est rééligible qu'aux élections générales.

(16) Il en est de même pour les démissionnaires.

Art. 51. — Dans les communes où la garde nationale forme plusieurs légions, elle peut être placée sous les ordres d'un commandant supérieur, nommé par le président de la République.

Art. 52. — Les officiers de l'état-major du commandant supérieur sont nommés par le président de la République. .

Art. 53. — Les chirurgiens-majors, les aides-majors et autres officiers de santé sont nommés par le président de la République.— Il en est de même des majors et adjudants-majors. — L'adjudant sous-officier est nommé par le chef de légion ou de bataillon. — Le capitaine d'armement est nommé par le commandant supérieur ou le préfet, sur une double présentation faite par le maire et le chef de corps.

Art. 54. — Il sera nommé aux emplois autres que ceux désignés ci-dessus, sur la présentation du chef de corps, par le maire, ou, si les gardes communales sont réunies en bataillon, par le sous-préfet.

Art. 55. — Ces officiers devront avoir leur résidence dans la circonscription de la légion, du bataillon et de la compagnie, selon leur rang.

Art. 56. — Les officiers et sous-officiers, rapporteurs et secrétaires des conseils de discipline sont choisis par le sous-préfet, sur des listes de trois candidats désignés par le chef de corps. — Ils sont nommés pour trois ans et peuvent être réélus. — Le préfet, sur le rapport des maires et des chefs de corps, pourra les révoquer : il sera immédiatement pourvu à leur remplacement par le mode ci-dessus indiqué.

Art. 57. — Les militaires des armées de terre et de mer placés dans une des positions énumérées en l'article 8 de la présente loi, ne peuvent être appelés dans la garde nationale à aucun autre emploi que ceux de commandant supérieur et de chef d'état-major.

Section VI. — *Des armes et de l'uniforme.*

Art. 58. — Les communes sont responsables, sauf leur recours contre les gardes nationaux, des armes que le Gouvernement a jugé nécessaire de leur délivrer; ces armes restent la propriété de l'État. — L'entretien de l'armement est à la charge du garde national; les réparations, en cas d'accident causé par le service, sont à la charge de la commune (17). — Les gardes nationaux détenteurs d'armes appartenant à l'État, qui ne présentent pas ou ne font pas présenter ces armes aux inspections générales annuelles prescrites par les règlements, peuvent être condamnés à une amende de 1 fr. au moins et de 5 fr. au plus, au profit de la commune. — Cette amende est prononcée et recouvrée comme en matière de police municipale.

(17) Ainsi l'armement appartient à l'État. C'est l'État qui doit payer et livrer les armes; c'est à lui que finalement les armes devront revenir, soit quand elles seront hors de service, soit quand il les réclamera pour une cause quelconque. L'État doit donc être pourvu d'armes et en pourvoir les gardes nationales.

Art. 59. — L'uniforme est obligatoire pour tous les officiers — Il est obligatoire pour les sous-officiers, caporaux et gardes nationaux des chefs-lieux de département et d'arrondissement, et pour toutes les communes qui ont une population agglomérée de plus de trois mille âmes. — Il peut être rendu obligatoire dans les autres communes, de l'avis du conseil municipal, par décret du Président de la République. — L'uniforme est déterminé par des décrets du Président de la République [18].

Section VII. — *Des préséances.*

Art. 60. — Les diverses armes dont se compose la garde nationale sont assimilées, quant aux préséances, aux armes correspondantes de l'armée. — Les sapeurs-pompiers sont assimilés aux sapeurs-mineurs. — Néan-

[18] Une circulaire du ministre de l'intérieur, en date du 13 août 1870, commentant la loi votée la veille, dit que « l'uniforme devra être conçu de la manière la plus » simple; que, le plus souvent, une blouse avec signes » distinctifs aux parements et au collet, suffira. » De plus, il est évident que, pendant la durée de la guerre actuelle, les communes ne doivent pas compter sur un décret du pouvoir exécutif pour déterminer l'uniforme de leur garde nationale. C'est à elles à s'en occuper, de concert avec les sous-préfets. — Les derniers incidents de la guerre rendent nécessaire que l'uniforme ait un caractère militaire très apparent. Les Prussiens ont fusillé des gardes nationaux, sous prétexte que leur habillement n'avait pas permis de reconnaître leur qualité de belligérants. Pour le cas où les gardes nationales seraient appelées à fournir un service auprès de l'armée active, ce sera donc une bonne précaution que de *militariser* l'uniforme par des couleurs voyantes.

moins, quand la garde nationale est réunie, les différentes armes doivent prendre la place qui leur est assignée par l'officier qui commande.

Art. 61. — Dans tous les cas où les gardes nationales sont de service avec les corps soldés, elles prennent le rang sur eux. — Le commandement dans les fêtes ou cérémonies appartient à celui des officiers des divers corps qui a la supériorité du grade ; à grade égal, à celui qui est le plus ancien ; et à égalité d'ancienneté, au plus âgé. — Tous les officiers nommés pour la première fois, ou promus aux élections générales, sont réputés avoir été élus le même jour. — L'ancienneté de grade est comptée aux officiers, sous-officiers et caporaux de la garde nationale, de l'époque à partir de laquelle ils ont été, sans aucune interruption, en possession de leur grade.

Section VIII. — *Des dépenses de la garde nationale.*

Art. 62. — Les dépenses de la garde nationale sont votées, réglées et surveillées comme toutes les autres dépenses municipales.

Art. 63. — Les dépenses de la garde nationale sont obligatoires ou facultatives. — Les dépenses obligatoires sont : — 1° les frais d'achat de drapeaux, tambours et trompettes ; — 2° les réparations, l'entretien et le prix des armes, sauf recours contre les gardes nationaux, aux termes de l'article 58; — 3° le loyer, l'entretien, le chauffage, l'éclairage et le mobilier des corps de garde; — 4° les frais de registres, papiers, contrôles, billets de garde, et tous les menus frais de bureaux qu'exige le service de la garde nationale; — 5° la solde et l'habillement des tambours et trompettes, dans les communes où l'uniforme est obligatoire. — Toutes autres dépenses sont facultatives ([19]).

Art. 64. — Lorsqu'il est créé des bataillons cantonaux, la répartition de la portion afférente à chaque commune du canton dans les dépenses obligatoires du bataillon, autres que celles des compagnies, est faite par le préfet, en conseil de préfecture, après avoir pris l'avis des conseils municipaux. — Cette répartition a lieu proportionnellement à la population de chaque commune et à son contingent dans le principal des quatre contributions directes.

Art. 65. — Il y a, dans chaque légion ou chaque bataillon formé par les gardes nationaux d'une même commune, un conseil d'administration chargé de présenter annuellement au maire l'état des dépenses nécessaires pour le service de la garde nationale, et de viser les pièces justificatives de l'emploi des fonds. — Il y a également, par bataillon cantonal, un conseil d'administration chargé des mêmes fonctions, et qui doit présenter au

([19]) Il suit de là que les communes peuvent, si elles le veulent, concourir dans une certaine mesure à l'habillement de leur garde nationale, mais qu'elles n'y sont pas obligées.

sous-préfet l'état des dépenses du bataillon. — La composition de ces conseils est déterminée par un règlement d'administration publique.

Art. 66. — Dans les communes où la garde nationale comprend une ou plusieurs compagnies non réunies en bataillon, l'état des dépenses est soumis au maire par le commandant. — Pour les corps spéciaux, l'état des dépenses sera présenté par le commandant de la garde nationale, après avoir pris l'avis du commandant de ce corps.

TITRE III.

DU SERVICE ORDINAIRE DE LA GARDE NATIONALE.

Art. 67. — Le règlement relatif au service ordinaire, aux revues, exercices et prises d'armes, est arrêté : — Pour le département de la Seine, par le ministre de l'intérieur, sur la proposition du commandant supérieur, de l'avis du préfet de la Seine ; — Pour les villes et communes des autres départements, par le maire, sur la proposition du commandant de la garde nationale, et sous l'approbation du sous-préfet. — Les chefs pourront, en se conformant à ce règlement, et sans réquisition particulière, mais après en avoir prévenu l'autorité municipale, faire toutes les dispositions et donner tous les ordres relatifs au service ordinaire, aux revues et aux exercices. — Lorsque le service de place est fait en commun par les postes de la garde nationale et de la troupe de ligne, la surveillance reste séparée, excepté dans les cas prévus par le paragraphe 3 de l'article 4 de la présente loi.—Dans les villes de guerre, la garde nationale ne peut prendre les armes ni sortir des barrières qu'après que le maire en a informé par écrit le commandant de la place; — le tout sans préjudice de ce qui est réglé par les lois spéciales pour l'état de siége dans les places.

Art. 68. — Lorsque la garde nationale est organisée en bataillons cantonaux et en légions, le règlement sur les exercices est arrêté par le sous-préfet, de l'avis des maires des communes, et sur la proposition du commandant pour chaque bataillon isolé, et du chef de légion pour les bataillons réunis en légion.

Art. 69. — Le préfet peut suspendre les revues et exercices dans les communes et dans les cantons, à la charge d'en rendre immédiatement compte au ministre de l'intérieur.

Art. 70. — Tout garde national commandé pour le service doit obéir, sauf à réclamer ensuite, s'il s'y croit fondé, devant le chef de corps [20].

[20] Il ne s'agit ici que *du service ordinaire*, c'est à dire des gardes à monter à tour de rôle. L'article doit être entendu en ce sens, que le garde national peut faire sa réclamation dès qu'il est averti, mais que, dans le cas où elle n'obtiendrait pas de réponse, ou s'il n'y est pas fait droit, il doit obéir, sous les peines portées par l'article 71.

TITRE IV.

DE LA DISCIPLINE.

SECTION PREMIÈRE. — *Des peines.*

ART. 71. — Les chefs de poste ou de détachement [21] peuvent ordonner : — 1° une faction, patrouille ou autre service hors tour, contre tout garde national qui a manqué à l'appel ou s'est absenté du poste sans autorisation [22]; — 2° la détention dans la prison du poste, jusqu'à la relevée de la garde, de tout sous-officier, caporal ou garde national de service en état d'ivresse, ou qui s'est rendu coupable de bruit, tapage [23], voies de fait, ou de provocation au désordre ou à la violence, sans préjudice du renvoi au conseil de discipline, si la faute emporte une punition plus grave.

ART. 72. — Les conseils de discipline peuvent infliger les peines suivantes : — 1° la réprimande ; — 2° la réprimande avec mise à l'ordre des motifs du jugement; — 3° la prison pour six heures au moins et trois

[21] Quel que soit le grade, officier, sous-officier ou caporal.

[22] Est passible de la même peine, par une naturelle interprétation, celui qui a prolongé le permis d'absence que le chef de poste lui avait accordé.

[23] « Ce qu'on appelle *faire du tapage,* » a dit le rapporteur de la loi de 1831 sur la garde nationale, « c'est commettre un de ces désordres qui sont susceptibles de vous faire conduire au violon. »

jours au plus, avec ou sans mise à l'ordre [24]; — 4° la privation du grade, avec mise à l'ordre; — 5° la radiation des contrôles [25], avec mise à l'ordre. — S'il n'existe dans la commune ni prison spéciale pour l'exécution des jugements du conseil de discipline, ni local en tenant lieu, la peine de prison est remplacée par une amende de un franc à quinze francs au profit de la commune du contrevenant.

Art. 73. — Est puni, selon la gravité des cas, de l'une des peines énoncées sous les numéros 1, 2, 3 et 4 de l'article précédent, tout officier qui, étant de service ou en uniforme, tient une conduite qui compromet son caractère ou porte atteinte à l'honneur de la garde nationale. — Est puni de l'une des mêmes peines, selon la gravité des cas, tout officier ou chef de poste qui commet une infraction aux règles du service, à la discipline ou à l'honneur de la garde nationale, et, notamment, qui contrevient à l'article 5 de la présente loi.

Art. 74. — Est puni de la prison tout officier ou sous-officier, chef de poste ou de détachement, qui, étant de service, s'est rendu coupable : — d'inexécution d'ordres reçus ou d'infraction à l'article 6 de la présente loi; — de manquement à un service commandé ou d'absence du poste non auto-

[24] *Mise à l'ordre*, c'est à dire mention à l'ordre du jour lu devant la compagnie assemblée.

[25] La radiation des contrôles n'empêche pas le garde national d'être, le cas échéant, traduit devant le tribunal correctionnel.

risée; — d'inexactitude à signaler, dans les formes requises, les fautes commises par ses subordonnés; — de désobéissance; — d'insubordination; — de manque de respect, de propos offensants ou d'insultes envers les officiers d'un grade supérieur; — de propos outrageants envers un subordonné, ou d'abus d'autorité.

Art. 75.. — Dans le cas où l'ordre public est menacé, tout garde national qui, sans excuse légitime, ne se rend pas à l'appel, est puni d'un emprisonnement qui ne pourra excéder trois jours. — Tout officier, sous-officier ou caporal, est en outre privé de son grade. — Le jugement est mis à l'ordre. — Le conseil de discipline peut, de plus, prononcer contre les condamnés la radiation des contrôles du service ordinaire pour un temps qui n'excédera pas cinq années, et ordonner l'affiche du jugement à leurs frais. — Tout garde national rayé des contrôles du service ordinaire est immédiatement désarmé.

Art. 76. — Peut être puni, selon la gravité des cas, de la réprimande, de la réprimande avec mise à l'ordre, ou de la prison pour deux jours au plus et trois en cas de récidive : — 1° tout sous-officier, caporal ou garde national, coupable d'inexécution des ordres reçus, de désobéissance, d'insubordination ou de refus d'un service commandé; — sont considérés comme services commandés, non-seulement les services commandés dans la forme ordinaire, mais encore les prises d'armes par voie de rappel ou de convocation verbale; — 2° tout sous-officier, caporal ou garde national de service, qui est en état d'ivresse, profère des propos offensants contre l'autorité, ou tient une conduite qui porte atteinte à la discipline ou à l'ordre; — 3° tout sous-officier, caporal ou garde national de service qui abandonne ses armes, sa faction ou son poste, avant d'être relevé; — l'arrivée tardive au lieu de rassemblement, l'absence du poste sans autorisation, et l'absence prolongée au delà du terme fixé par l'autorisation, peuvent être considérées comme abandon du poste; — 4° tout sous-officier, caporal ou garde national qui enfreint l'article 5 de la présente loi [26]; — 5° tout sous-officier, caporal ou garde national, dont l'armement est mal entretenu, ou qui ne fait pas son service en uniforme, dans les communes où l'uniforme est obligatoire.

Art. 77. — Les infractions commises par les officiers de l'état-major général, par les majors, adjudants-majors et les adjudants sous-officiers, sont punies des peines suivantes : — les arrêts simples; — les arrêts forcés avec remise d'armes. — En aucun cas ces arrêts n'excèdent dix jours. — Les arrêts simples peuvent être appliqués par le supérieur à l'inférieur; — les arrêts forcés ne sont prononcés que par le commandant supérieur ou le chef du corps.

Art. 78. — Pour les infractions prévues

(26) Il suit de ce paragraphe combiné avec l'article 5, que le garde national qui revêt son uniforme sans avoir été commandé est passible des peines indiquées à l'article 76.

par l'article 76 de la présente loi, les tambours-majors, tambours-maîtres, tambours et trompettes soldés, peuvent être punis, par tout officier sous les ordres duquel ils se trouvent, de la prison pour un temps qui n'excèdera pas trois jours. — Dans les communes et les cantons où la garde nationale est formée en légion ou en bataillon, cette peine peut être, selon les circonstances, élevée jusqu'à dix jours de prison par le chef de légion ou le chef de bataillon.

Art 79. — Est privé de son grade par le jugement de condamnation tout officier, sous-officier ou caporal qui, après une première condamnation, est, dans les douze mois, puni de la prison, pour une seconde infraction, par le conseil de discipline.

Art. 80. — Tout officier, sous-officier ou caporal, privé de son grade par jugement ne peut être réélu qu'aux élections générales.

Art. 81. — Le garde national qui vend, détourne ou détruit volontairement les armes de guerre, les munitions ou les effets d'équipement qui lui ont été confiés, est traduit devant le tribunal de police correctionnelle et puni de la peine portée en l'art. 408 du Code pénal ([27]), sauf l'application de l'article 463 du même Code ([28]). — Le jugement

([27]) C'est à dire de deux mois à deux ans d'emprisonnement, et d'une amende de 25 fr. au moins Les tribunaux peuvent, en outre, prononcer la privation des droits civiques, civils et de famille, pour cinq ans au moins et dix ans au plus.

([28]) Cest à dire sauf l'application des circonstances atténuantes.

de condamnation prononce la restitution, au profit de la commune, du prix des armes, munitions ou effets.

Art. 82. — Tout garde national qui, dans l'espace d'une année, a subi deux condamnations du conseil de discipline peut être, par le jugement qui prononce la seconde condamnation, rayé des contrôles du service ordinaire, pour deux années au plus, avec mise à l'ordre.

Art. 83. — Après deux condamnations pour refus de service, le garde national est, en cas de troisième refus de service dans l'année, traduit devant le tribunal de police correctionnelle, et condamné à un emprisonnement qui ne peut être moindre de six jours ni excéder dix jours. — En cas de récidive dans l'année, à partir du jugement correctionnel, le garde national est traduit de nouveau devant le tribunal de police correctionnelle et puni d'un emprisonnement qui ne peut être moindre de dix jours ni excéder vingt jours. — Il est, en outre, condamné aux frais et à une amende qui ne peut être moindre de 16 fr. ni excéder 30 fr. dans le premier cas, et, dans le deuxième, être moindre de 30 fr. ni excéder 100 fr.

Art. 84. — Dans le cas où le chef de corps, poste ou détachement, est poursuivi devant les tribunaux comme coupable des délits prévus par les articles 234 [29] et

[29] Art. 234 du Code pénal : « Tout commandant, tout » officier ou sous-officier de la force publique, qui, après » en avoir été légalement requis par l'autorité civile, aura » refusé de faire agir la force à ses ordres, sera puni

258 (30) du Code pénal, la poursuite entraîne la suspension; en cas de condamnation, le jugement prononce la perte du grade.

Section II. — *Des conseils de discipline.*

Art. 85. — Il y a un conseil de discipline: —1° par bataillon communal ou cantonal; — 2° par commune ayant une ou plusieurs compagnies non réunies en bataillon; — 3° par compagnie formée de gardes nationaux de plusieurs communes.

Art. 86. — Dans les villes qui comprennent une ou plusieurs légions, il y a un conseil de discipline pour juger les colonels et lieutenants-colonels.

Art. 87. — Le conseil de discipline de la garde nationale d'une commune ayant une ou plusieurs compagnies non réunies en bataillon, et celui d'une compagnie formée de gardes nationaux de plusieurs communes, sont composés de cinq juges, savoir : — un capitaine, président; un lieutenant ou sous-

» d'un emprisonnement d'un mois à trois mois, sans pré- » judice des réparations civiles qui pourraient être dues » aux termes de l'article 10 du présent Code. » — Art 10 : « La condamnation aux peines établies par la » loi est toujours prononcée sans préjudice des restitu- » tions et dommages-intérêts qui peuvent être dues aux » parties. »

(30) Art. 258 : « Quiconque, sans titre, se sera immiscé » dans des fonctions publiques, civiles ou militaires, ou » aura fait les actes d'une de ces fonctions, sera puni » d'un emprisonnement de deux à cinq ans, sans pré- » judice de la peine de faux, si l'acte porte le caractère » de ce crime. »

lieutenant, un sergent, un caporal et un garde national.

Art. 88. — Le conseil de discipline de bataillon est composé de sept juges, savoir : — le chef de bataillon, président ; un capitaine, un lieutenant ou un sous-lieutenant, un sergent, un caporal et deux gardes nationaux.

Art. 89. — Le conseil de discipline pour les colonels et lieutenants-colonels est composé de sept juges, savoir : — Pour les légions non réunies sous un commandant supérieur, — d'un chef de légion, désigné par le sort, parmi ceux des cinq légions les plus voisines, président ; deux chefs de légion ou deux lieutenants-colonels, suivant le grade du prévenu, désignés selon le mode indiqué dans le paragraphe précédent ; deux chefs de bataillon ; deux capitaines. — Dans le département de la Seine et dans les villes où il existe un commandant supérieur : Le commandant supérieur, président ; deux colonels ou lieutenants-colonels ; deux chefs de bataillon ou d'escadron ; deux capitaines. — Le commandant supérieur peut déléguer un colonel pour le remplacer comme président.

Art. 90. — Lorsque l'inculpé est officier, deux officiers de son grade entrent dans le conseil de discipline en remplacement des deux derniers membres. — Si l'inculpé est chef de bataillon, trois officiers de ce grade entrent dans le conseil de discipline, le plus ancien comme président, et les deux autres comme juges, en remplacement des deux derniers membres. — Dans ce cas, comme lorsqu'il y a lieu de compléter le conseil institué par les articles 86 et 89, le sous-préfet, s'il n'y a pas dans la commune ou dans le ressort du conseil de discipline un nombre suffisant d'officiers du grade de l'inculpé, désigne, par la voie du sort, parmi les officiers du canton, parmi ceux de l'arrondissement, les juges qui doivent compléter le conseil de discipline. A défaut, le préfet les désigne, par la voie du sort, parmi les officiers du département; ou s'il ne s'en trouve pas du grade voulu dans le département, parmi les officiers du département voisin

Art. 91. — Il y a, par conseil de discipline de bataillon ou de légion, un rapporteur et un secrétaire, et autant de rapporteurs et de secrétaires adjoints que les besoins du service l'exigent. — Leur nombre, leur rang et le mode de leur nomination sont déterminés par des décrets du Président de la République.

Art. 92. — Les conseils de discipline sont permanents; ils ne peuvent juger que lorsque cinq membres, au moins, sont présents dans les conseils de bataillon et de légion, et trois membres, au moins, dans les conseils de compagnie. — Les juges sont renouvelés tous les quatre mois; néanmoins, à défaut d'autres officiers de même grade, ceux qui en font partie ne sont pas remplacés.

Art. 93. — Les membres des conseils de discipline sont pris successivement, suivant l'ordre de leur inscription, sur un tableau dressé par le président du conseil de recensement, assisté du chef de bataillon ou du capitaine commandant, si les compagnies ne sont pas réunies en bataillon. — Ce tableau comprend, d'après le contrôle du service ordinaire par grade et par ancienneté : — 1° tous les officiers, la moitié des sous-officiers, le quart des caporaux ; — 2° un nombre égal de gardes nationaux de chaque bataillon, ou des compagnies de la commune, ou de la compagnie formée de plusieurs communes. — Pour les conseils de discipline créés par l'article 86, le préfet ou le sous-préfet dresse un tableau, par grade, des colonels, lieutenants-colonels, chefs de bataillon ou d'escadron et capitaines. — Les tableaux prévus sont déposés au lieu des séances du conseil de discipline, où chaque garde national peut en prendre connaissance.

ART. 94. — Lorsque la garde nationale d'une commune ou d'un canton n'a qu'un seul conseil de discipline, les gardes nationaux faisant partie des armes spéciales sont justiciables de ce conseil. — S'il y a plusieurs bataillons dans le même canton, les gardes nationaux des armes spéciales sont justiciables du même conseil de discipline que les compagnies de leur commune. — S'il y a plusieurs bataillons dans la même commune, le préfet détermine de quel conseil de discipline ces gardes nationaux sont justiciables. — Dans les trois cas, les officiers, sous-officiers, caporaux et gardes nationaux des armes spéciales, concourent pour la formation du conseil de discipline.

Art. 95. — Tout garde national qui a été condamné deux fois par le conseil de discipline [31], ou une fois par le tribunal de police correctionnelle, est rayé pour une année du tableau servant à former le conseil de discipline.

Section III. — *De l'instruction et des jugements.*

Art. 96. — Le conseil de discipline est saisi, par le renvoi que lui fait le chef de corps, de tous les rapports, procès-verbaux ou plaintes [32] constatant les faits qui peuvent donner lieu à une poursuite. — Lorsqu'il y aura lieu à poursuite contre le chef de corps, le conseil de discipline sera saisi par le préfet.

Art. 97. — L'officier rapporteur fait citer l'inculpé. — La citation est portée à domicile par un agent de la force publique [33]. — Si cet agent appartient à un corps soldé, il ne peut être employé que sur la réquisition de l'autorité municipale.

Art. 98. — En cas d'absence, tout membre du conseil de discipline non valablement

[31] Quelles qu'aient été les infractions commises et les peines prononcées.

[32] Il suit de là que le chef de corps a l'appréciation des rapports, procès-verbaux et plaintes. C'est à lui de décider s'il doit ou non les envoyer au conseil de discipline.

[33] Ordinairement c'est un tambour de la garde nationale qui remplit auprès du conseil de discipline les fonctions d'appariteur, c'est à dire d'huissier.

excusé est condamné, par le conseil de discipline, à une amende de cinq francs à quinze francs au profit de la commune du contrevenant, et il est remplacé par l'officier, sous-officier, caporal ou garde national, qui doit être appelé immédiatement après lui. — Dans les conseils de discipline des bataillons cantonaux, le juge absent est remplacé, d'après l'ordre du tableau, par un officier, sous-officier, caporal ou garde national du lieu où siége le conseil.

Art. 99. — Le garde national cité comparaît en personne ou par un fondé de pouvoirs [34]. — Il peut être assisté d'un conseil.

Art. 100. — Si le prévenu ne comparaît pas au jour et à l'heure fixés par la citation, il est jugé par défaut. — L'opposition au jugement par défaut doit être formée dans le délai de trois jours, à compter de la notification du jugement. Cette opposition peut être faite par déclaration au bas de la signification du jugement [35] — L'opposant est cité pour comparaître à la plus prochaine séance du

(34) La procuration du fondé de pouvoirs, en cas d'absence de l'inculpé, doit-elle être authentique, enregistrée? —Nous pensons, dit un commentateur, qu'il suffit qu'elle soit sous seing privé. Cette opinion semble une conséquence du paragraphe 2 de l'article 106 (voir plus loin), qui dispense du timbre et de l'enregistrement tous actes de poursuites devant les conseils de discipline, tous jugements, recours et arrêts rendus. — D'ailleurs, pour s'assurer de l'identité des personnes, le conseil pourra toujours exiger une légalisation quelconque de la procuration.

(35) Sinon, elle devra être formée, soit par une déclaration de l'inculpé, soit par acte d'huissier, au secrétariat du conseil.

conseil de discipline. — S'il n'y a pas opposition, ou si l'opposant ne comparaît pas à la séance indiquée, le jugement par défaut devient définitif.

ART. 101. — L'instruction de chaque affaire devant le conseil est publique, à peine de nullité. — La police de l'audience appartient au président, qui peut faire expulser ou arrêter quiconque troublerait l'ordre. — Si le trouble est causé par un délit, il est dressé procès-verbal par le secrétaire sur l'ordre du président. — L'auteur du trouble est jugé immédiatement par le conseil si c'est un garde national, et si la faute n'emporte qu'une peine que le conseil puisse prononcer. — Dans tout autre cas (36), le procès-verbal est transmis au procureur de la République, et, s'il y a lieu, le délinquant est mis à la disposition de ce magistrat.

ART. 102. — L'instruction devant le conseil a lieu de la manière suivante : — Le secrétaire appelle l'affaire. — En cas de récusation (37), le conseil statue. — Si la récu-

(36) *Dans tout autre cas...*, c'est à dire s'il y a eu, par exemple, voies de fait, blessures en résultant, etc.

(37) A défaut de dispositions spéciales, l'article 378 du Code de procédure civile, qui énumère les causes de récusation, est applicable en matière de garde nationale. — Cet article dispose : « Tout juge peut être récusé » pour les causes ci-après : 1° s'il est parent ou allié » d'une partie, jusqu'au degré de cousin issu de germains inclusivement ; ... 4° si le juge, sa femme, leurs » ascendants ou descendants, ou alliés dans la même » ligne, ont un procès en leur nom dans un tribunal où » l'une des parties sera juge ; s'ils sont créanciers ou » débiteurs de l'une des parties ; 5° si, dans les cinq ans » qui ont précédé la récusation, il y a eu procès criminel

sation est admise, le président appelle, selon les règles établies par l'article 98, les juges suppléants nécessaires pour compléter le conseil. — Si le prévenu décline la juridiction du conseil de discipline, le conseil statue d'abord sur sa compétence. S'il se déclare incompétent, l'affaire est renvoyée devant qui de droit. — Les témoins, s'il en a été appelé par le rapporteur ou l'inculpé, sont entendus, après avoir prêté le serment prescrit par l'article 155 du Code d'instruction criminelle (38). — En cas de non-comparution, tout témoin non valablement excusé

» entre eux et l'une des parties, ou son conjoint, ou ses » alliés en ligne directe; 6° s'il y a eu procès civil entre » le juge, sa femme, leurs ascendants ou descendants, » ou alliés dans la même ligne, et l'une des parties, et » que ce procès, s'il a été intenté par la partie, l'ait été » avant l'instance dans laquelle la récusation est pro- » posée; si, ce procès étant terminé, il ne l'a été que » dans les six mois précédant la récusation; 7° si le juge » est tuteur, subrogé-tuteur ou curateur, héritier pré- » somptif ou donataire, maître ou commensal de l'une » des parties; s'il est administrateur de quelque établis- » sement, société ou direction, partie dans la cause; si » l'une des parties est sa présomptive héritière; 8° si le » juge a donné conseil, plaidé ou écrit sur le différend; » s'il en a précédemment connu comme juge ou comme » arbitre; s'il a sollicité, recommandé, ou fourni aux » frais du procès; s'il a déposé comme témoin; si, de- » puis le commencement du procès, il a bu ou mangé, » avec l'une ou l'autre des parties, dans leur maison, ou » reçu d'elle des présents; 9° s'il y a inimitié capitale » entre lui et l'une des parties; s'il y a eu de sa part » agression, injures ou menaces, verbalement ou par » écrit, depuis l'instance, ou dans les six mois précédant » la récusation proposée. »

(38) Le serment de dire la vérité, toute la vérité, rien que la vérité. Ce serment doit être exigé des témoins, à peine de nullité.

est condamné, par le conseil de discipline, à une amende de un franc au moins et de quinze francs au plus. — Le prévenu ou son conseil est entendu. — Le rapporteur donne ses conclusions. — L'inculpé ou son fondé de pouvoirs et son conseil peuvent présenter leurs observations. — Le conseil délibère en secret et hors de la présence du rapporteur; le jugement est motivé; il est prononcé en séance publique et signé du président et du secrétaire du conseil.

Art. 103. — Les mandats d'exécution de jugement des conseils de discipline sont délivrés dans la même forme que ceux des tribunaux de simple police. — Toutefois, les agents de la force publique n'ont droit à aucune espèce d'indemnité pour la notification, de même que pour l'exécution forcée des jugements emportant la peine d'emprisonnement.

Art. 104. — Il n'y a de recours contre les jugements définitifs des conseils de discipline que devant la Cour de cassation, pour incompétence, excès de pouvoir ou violation de la loi. — Le pourvoi en cassation est suspensif à l'égard des jugements prononçant soit l'emprisonnement, soit une autre peine avec mise à l'ordre, dans les cas prévus par les n°s 2, 4 et 5 de l'article 72. — Le condamné est dispensé de la mise en état. — Dans tous les cas, ce recours n'est assujetti qu'à l'amende de cinquante francs pour les jugements contradictoires, et vingt-cinq francs pour les jugements par défaut. — L'amende sera déposée dans les dix jours du pourvoi, sous peine de déchéance.

Art. 105. — Le condamné a trois jours francs, à partir du jour de la notification, et le rapporteur a le même délai, à partir de la prononciation du jugement, pour se pourvoir en cassation [39].

Art. 106. — Les jugements des conseils de discipline ne peuvent, en aucun cas, prononcer de condamnation aux dépens. — Tous actes de poursuite devant les conseils de discipline, tous jugements, recours et arrêts rendus en vertu de la présente loi, sont dispensés du timbre et enregistrés gratis.

TITRE V.

DES DÉTACHEMENTS DE LA GARDE NATIONALE.

Section Ire. — *Appel et service des détachements.*

Art. 107. — La garde nationale doit fournir des détachements : — 1° en cas d'insuffisance de la gendarmerie et de la troupe de ligne, pour escorter, d'une ville à l'autre, les convois de poudre, de fonds ou d'effets appartenant à l'État, et pour la conduite des accusés, des condamnés et autres prisonniers; — 2° pour porter secours aux communes, arrondissements et départements voisins qui seraient troublés ou menacés par des émeutes, des séditions ou par des associations de mal-

[39] La déclaration de recours en cassation doit être faite au secrétariat du conseil par le condamné, et signée de lui et du secrétaire; et si le déclarant ne peut ou ne veut signer, le secrétaire en doit faire mention.

faiteurs ; — 3° pour porter secours d'un lieu dans un autre pour le maintien ou le rétablissement de l'ordre et de la paix publique.

Art. 108. — Lorsque, dans les cas prévus par l'article précédent, des détachements de la garde nationale en service ordinaire doivent agir dans toute l'étendue de l'arrondissement, ils sont mis en mouvement sur la réquisition du sous-préfet, et s'ils doivent agir dans toute l'étendue du département, sur la réquisition du préfet; si leur action doit s'étendre hors du département, ils sont mis en mouvement en vertu d'un décret du président de la République (40). — Les contingents communaux sont réunis par canton, et les contingents cantonaux par arrondissement, sous le commandement d'un officier supérieur en grade aux commandants particuliers des détachements communaux et cantonaux ; cet officier est désigné par le préfet ou le sous-préfet. — Un officier général ou supérieur de la garde nationale est investi, par le préfet, du commandement supérieur de la réunion des détachements de tout un département. — En cas d'urgence et sur la demande écrite du maire d'une commune en danger, les maires des communes limitrophes, sans distinction de département, peuvent requérir un détachement de la garde nationale de marcher immédiatement sur le point me-

(40) En vertu de cette disposition, la garde nationale sédentaire peut être appelée régulièrement à la défense de la capitale, si, au cours de la présente guerre, le Gouvernement juge son intervention utile.

nacé, sauf à rendre compte, dans le plus bref délai, du mouvement et des motifs à l'autorité supérieure. — Dans tous ces cas, l'autorité militaire ne prend le commandement des détachements de la garde nationale que sur la réquisition de l'autorité administrative.

Art. 109. — L'acte en vertu duquel, dans les cas déterminés par les deux articles précédents, la garde nationale est appelée à faire un service de détachement, fixe le nombre des hommes requis.

Art. 110. — Lors de l'appel fait conformément aux articles précédents, le maire, assisté du commandant de la garde nationale de chaque commune, désigne, parmi les hommes inscrits sur le contrôle du service ordinaire, ceux qui devront faire partie du détachement, en commençant par les célibataires et les moins âgés.

Art. 111. — Lorsque les détachements des gardes nationales s'éloignent de leurs communes pendant plus de vingt-quatre heures, ils sont assimilés à la troupe de ligne pour la solde, l'indemnité de route et les prestations en nature.

Art. 112. — Les détachements à l'intérieur ne peuvent être requis de faire, hors de leurs foyers, un service de plus de dix jours, que sur la réquisition du sous-préfet; un service de plus de vingt jours, que sur la réquisition du préfet, et un service de plus de soixante jours, qu'en vertu d'un décret du président de la République.

Section II. — *Discipline.*

Art. 113. — Lorsque, conformément à l'article 108, la garde nationale doit fournir des détachements en service ordinaire, sur la réquisition du sous-préfet, du préfet, ou en vertu d'un décret, les peines de discipline sont fixées ainsi qu'il suit : — Pour les officiers : 1° les arrêts simples pour dix jours au plus; 2° la réprimande avec mise à l'ordre; 3° les arrêts de rigueur pour six jours au plus; 4° la prison pour six jours au plus. — Pour les sous-officiers, caporaux et soldats : 1° la consigne pour dix jours au plus; 2° la réprimande avec la mise à l'ordre; 3° la salle de discipline pour six jours au plus; 4° la prison pour six jours au plus.

Art. 114. — Les arrêts de rigueur, la prison et la réprimande avec mise à l'ordre, ne peuvent être infligés que par le chef de corps; les autres peines peuvent l'être par tout supérieur à son inférieur, à la charge d'en rendre compte dans les vingt-quatre heures, en observant la hiérarchie des grades.

Art. 115. — La privation du grade pour les causes énoncées dans les articles 75 et 79 ne peut être prononcée que par le conseil de discipline, composé, selon les cas, conformément à la section II du titre IV. — Il n'y a qu'un seul conseil de discipline pour tous les détachements du même arrondissement de sous-préfecture. Les membres sont nommés par le commandant supérieur des détachements.

Art. 116. — Tout garde national qui, désigné pour faire partie d'un détachement, refuse d'obtempérer à la réquisition ou quitte le détachement sans autorisation, est traduit en police correctionnelle et puni d'un emprisonnement qui ne peut être inférieur à dix jours ni excéder trois mois; s'il est officier, sous-officier ou caporal, il est, en outre, privé de son grade [41].

(41) Nous empruntons au rapport de M. de Riancey les lignes suivantes concernant la partie de la loi qui règle la discipline de la garde nationale. Cette citation sera le meilleur commentaire possible des dispositions pénales et des prescriptions de procédure qu'on vient de lire : « La discipline est la vie des corps armés. On sait » avec quel soin jaloux elle est conservée dans notre » armée, dont elle fait à la fois la force et l'honneur. » Ici, nous avons à nous défendre contre deux écueils. » Il faut prendre garde de trop militariser la garde na- » tionale et d'arriver par trop de sévérité à l'impuis- » sance, ou de laisser au caractère civique trop d'em- » pire, et d'arriver au désordre par le relâchement. — » Sans doute nous croyons qu'il faut compter beaucoup » sur le sentiment du devoir; mais *une confiance exa-* » *gérée dans le sentiment d'honneur et de dévouement* » *de tous les individus qui composent une population* » *nombreuse serait une utopie contredite par l'expé-* » *rience de tous les jours. On peut demander beaucoup* » *à la garde nationale dans les temps de crise; il faut* » *lui demander fort peu dans un état de choses paisible* » *et régulier.* (M. de Saint-Aulaire, rapporteur à la » chambre des Pairs.) — Il est donc nécessaire de trou- » ver des conditions à la fois exactes et fermes sans » rigueur, conciliantes et douces sans faiblesse. C'est » ce que nous avons essayé de réaliser..... » — « Les » peines que nous édictons sont la réprimande simple, » la réprimande avec mise à l'ordre des motifs du juge- » ment, la prison de six heures à trois jours, avec ou » sans mise à l'ordre, la privation de grade avec mise à » l'ordre, la radiation des contrôles avec mise à l'ordre.

» — On s'est élevé contre le peu d'efficacité des pre-
» mières et de la dernière de ces peines. On a dit que
» la réprimande était insignifiante, et que la radiation
» du contrôle serait peut-être un châtiment recherché.—
» Quant à la réprimande, nous ne croyons pas nous
» tromper en répondant qu'il y a peu de personnes qui
» ne soient encore fort sensibles, pour un léger manque-
» ment, à se voir publiquement réprimandées par un
» conseil devant lequel il faut absolument comparaître,
» et qui, de plus, peut faire insérer son jugement à
» l'ordre de la compagnie. Il est besoin d'ailleurs d'une
» gradation dans les peines, et la prison pour une pre-
» mière infraction nous semblerait beaucoup trop sé-
» vère. — En ce qui touche la radiation facultative des
» contrôles, de deux choses l'une : ou elle tombera sur
» un garde national qui tient encore à l'honneur de con-
» server les armes que la patrie lui a confiées, et assu-
» rément ce ne sera pas une peine sans valeur, et d'ail-
» leurs l'utilité comminatoire de châtiment sera vérita-
» blement atteinte ; — ou elle tombera sur un garde
» national qui n'a d'autre désir que de se soustraire au
» service, et assurément la compagnie de laquelle il sera
« exclus ne fera pas une grande perte en se privant
» d'un tel récalcitrant. — Du reste, la radiation n'est
» pas l'*ultima ratio* contre les refus de service. Après
» deux condamnations, le garde national, en cas d'un
» troisième refus, peut être traduit devant le tribunal
» de police correctionnelle, et alors la prison s'élève... »
— « On conçoit que, mis en mouvement, les détache-
» ments de la garde nationale doivent être astreints à
» une discipline spéciale beaucoup plus rigoureuse que
» la discipline ordinaire..... »

DEMANDES ET RÉPONSES.

---

§ Ier. — Service et organisation de la garde nationale.

Demande. En quoi consiste le service de la garde nationale? — *Réponse*. Il consiste : 1° à maintenir l'ordre et la sûreté dans l'intérieur de la commune, ce qui s'appelle service ordinaire ; 2° à seconder, s'il est besoin, l'armée active hors du territoire de la commune, ce qui s'appelle service de détachements.

D. Comment est composée la garde nationale? — *R*. La garde nationale est composée des Français valides qui jouissent de leurs droits civils et politiques, et ne sont ni soldats ni gardes mobiles, depuis l'âge de 20 ans. — Ceux de 21 ans à 55 ans, qui ont un an de résidence dans une commune, sont inscrits pour le service habituel; ceux qui ont moins de 21 ans, moins d'un an de résidence, ou plus de 55 ans; ceux pour qui l'exercice habituel serait trop onéreux; les portiers et domestiques, et certaines catégories d'employés, sont placés dans la réserve.

D. Quelle est l'obligation des premiers, et quelle est celle des seconds? — *R*. Les premiers sont appelés à tous les services d'ordre et de sûreté, ainsi qu'aux exercices et revues; les seconds ne peuvent être appelés qu'extraordinairement, en vertu d'un arrêté du préfet.

D. La loi sur la garde nationale ne comporte-t-elle ni exemptions, ni dispenses, ni remplacements? — *R.* Les exemptions sont limitées aux invalides; les dispenses s'appliquent aux ministres, magistrats, directeurs et médecins des hôpitaux, et aux anciens militaires ayant 50 ans d'âge et 20 ans de service ; enfin, les remplacements ne sont autorisés que pour le service habituel, entre proches parents de la même compagnie, ou, avec l'autorisation des chefs, entre gardes nationaux de la même compagnie pour échanger un tour de service.

D. Les étrangers résidant en France peuvent-ils faire partie de la garde nationale? — *R.* Ceux qui ont été admis en France à la jouissance des droits civils peuvent être appelés au service habituel.

D. Comment se forment les cadres de la garde nationale? — *R.* L'inscription des gardes nationaux sur les contrôles et leur répartition entre le service ordinaire et la réserve ont lieu par les soins d'un conseil de recensement égal en nombre au conseil municipal de la commune, désigné moitié par ce conseil, moitié par le sous-préfet, et placé sous la présidence du maire. Les décisions du conseil de recensement peuvent être déférées à un conseil de révision.

D. Comment est organisée la garde nationale? — *R.* En subdivisions de compagnies, en bataillons et légions d'infanterie. Des corps spéciaux d'artillerie, de pompiers, de cavalerie, de marins et de gardes-côtes, peuvent être établis, en outre, selon les besoins et les convenances des communes.

D. Comment les chefs et employés de la garde nationale sont-ils choisis? — *R.* Les gardes nationaux portés sur les contrôles du service habituel nomment à l'élection, et suivant des règles qui sont indiquées dans la loi de 1851, leurs officiers, sous-officiers et caporaux. — Les chefs de bataillon et porte-drapeau sont élus par les officiers du bataillon et un nombre égal de délégués nommés par les compagnies; les chefs de légion et lieutenants colonels par les officiers de la légion réunis aux délégués. — Les chirurgiens et médecins, quel que soit leur grade; les commandants de plusieurs légions réunies et leurs officiers d'état major sont nommés par le chef de l'État. L'adjudant sous-officier est nommé par le chef de légion ou de bataillon. — Le capitaine d'armement est nommé par le commandant supérieur ou le préfet. — Les offices de tambour, trompette, etc., sont pourvus, sur la présentation du chef de corps, par le maire si la garde nationale est organisée en compagnie, par le sous-préfet si la garde nationale forme un bataillon.

D. Quelles sont les prescriptions de la loi concernant l'armement des gardes nationales? — *R.* La loi met l'armement à la charge de l'État par l'intermédiaire des communes. Le garde national doit être muni d'un fusil, qu'il entretient, et que la commune fait réparer quand il y a lieu.

D. Quelles sont les prescriptions de la loi concernant l'uniforme de la garde nationale? — *R.* Aux termes de la loi, l'uniforme est obligatoire pour tous les officiers; obligatoire aussi pour tous les gardes nationaux des communes ayant plus de 3,000 habitants. Les autres communes n'y peuvent être tenues qu'en vertu d'un décret rendu après avis du conseil municipal. — L'uniforme peut varier d'une commune à l'autre. Les instructions ministérielles recommandent de le faire simple, commode et peu coûteux. Elles recommandent la blouse ou la vareuse, avec des signes militaires. Il est interdit sous les peines de droit, aux gardes nationaux, de prendre leurs armes, de se réunir, de vêtir l'uniforme, sans en avoir reçu l'ordre de leurs chefs.

§ II. — Des détachements de la garde nationale.

D. Qu'est-ce que les détachements de la garde nationale? — *R.* Ce sont des corps de gardes nationaux pris sur les contrôles du service ordinaire, en commençant par les plus jeunes et les célibataires, et qui sont envoyés en service extraordinaire hors de la commune.

D. En quel cas lève-t-on ces détachements? — *R.* En cas de nécessité publique, et d'insuffisance de la gendarmerie et de l'armée active pour le maintien de l'ordre et la sécurité du territoire.

D. Qui a le droit d'ordonner ces levées? — *R.* Le sous-préfet, le préfet ou le chef du pouvoir exécutif, selon que le détachement doit agir dans l'arrondissement, dans le département, ou hors du département.

D. La condition de ces détachements est-elle la même que celle des détachements ordinaires, ou est-elle assimilable à celle de l'armée active? — *R.* Non, les détachements font le service à côté de l'armée, et ils ont leur discipline spéciale, plus sévère que celle des gardes nationales en service ordinaire, moins rigoureuse que celle de l'armée.

§ III. — De la discipline.

D. Quels sont les moyens de répression usités dans le service ordinaire de la garde nationale? — *R.* Une faction, patrouille ou autre service hors de tour; la détention dans la prison du poste jusqu'à la relevée de la garde; la réprimande, avec ou sans mise à l'ordre; la prison pour six heures au moins et vingt jours au plus, avec ou sans mise à l'ordre; la privation du grade avec mise à l'ordre; la radiation des contrôles avec mise à l'ordre; l'amende de un à cent francs. — Pour les officiers nommés par décret du pouvoir exécutif, les arrêts simples et les arrêts forcés avec remise d'armes de un à dix jours.

D. De qui dépend l'application de ces peines? — *R.* Des chefs de service, du conseil de discipline nommé selon les prescriptions de la loi, ou du tribunal correctionnel, selon la gravité des cas.

D. Ne peut-on pas appeler des décisions rendues? — *R.* Si. En suivant la voie hiérarchique pour les peines appliquées par les supérieurs, et devant la Cour de Cassation pour violation de la loi par les conseils de discipline.

D. Quels sont les moyens de répression usités dans le service des détachements? — *R.* Les arrêts simples ou forcés jusqu'à dix jours; la réprimande avec ou sans mise à l'ordre ; la salle de discipline jusqu'à six jours; la prison jusqu'à trois mois.

D. De qui dépend l'application de ces peines? — *R.* Comme pour le service ordinaire, des supérieurs, conseils de discipline ou tribunaux correctionnels, selon la gravité des cas, et avec les mêmes recours.

J. MASSICAULT.

Bordeaux. — Imp. G. Gounouilhou, rue Guiraude, 11.

www.ingramcontent.com/pod-product-compliance
Ingram Content Group UK Ltd.
Pitfield, Milton Keynes, MK11 3LW, UK
UKHW021650260726
13994UKWH00003B/1395

9 782329 454719